MA VIE N'EST PAS A VENDRE

DR. D. K. OLUKOYA

Par Dr. D. K. Olukoya

MA VIE N'EST PAS À VENDRE

Par
Dr Daniel Olukoya

MA VIE N'EST PAS À VENDRE
©2010 Dr. D.K.Olukoya

Une publication des :
Ministères de la Montagne de Feu et des Miracles.
13, Olasimbo Street, off Olumo road (UNILAG second gate)
Onike, Iwaya. Lagos. Nigeria
www.mountainoffire.org

ISBN: **978-0692658611**

Tous droits réservés.
Aucune partie de cette publication (édition) ne peut être reproduite, ni enregistrée dans les systèmes de recherche documentaire, ou retransmise sous une forme quelconque par n'importe quel moyen, mécanique, électronique, photocopiant ou autre sans autorisation écrite antérieure de la maison de publication.

Pour de plus amples détails ou l'obtention d'une autorisation, adressez-vous à :
Email: pasteurdanielolukoya_french@yahoo.fr
mfmhqworldwide@mountainoffire.org
Ou visitez le site: **www.mountainoffire.org**
http://mfmbiligualbooks4evangelism.blogspot.com/

Par Dr. D. K. Olukoya

La Bible nous fait comprendre que le spirituel existait avant le physique. Une fois que vous comprenez ce principe, beaucoup de choses deviennent claires. La Bible nous fait aussi comprendre que les choses comme l'esclavage, la liberté, la puissance, l'onction, etc., sont des articles spirituels et s'ils ne sont pas triés dans le royaume spirituel, vous perdez votre temps dans le physique. La puissance réelle n'est pas dans le monde physique, mais dans le monde spirituel. Les enfants des ténèbres comprennent très bien ce fait.

Ézéchiel 13:18-19 : *"Tu diras: Ainsi parle le Seigneur, l'Éternel: Malheur à celles qui fabriquent des coussinets pour toutes les aisselles, Et qui font des voiles pour la tête des gens de toute taille, Afin de surprendre les âmes! Pensez-vous surprendre les âmes*

MA VIE N'EST PAS À VENDRE

de mon peuple, Et conserver vos propres âmes? Vous me déshonorez auprès de mon peuple pour des poignées d'orge et des morceaux de pain, En tuant des âmes qui ne doivent pas mourir, Et en faisant vivre des âmes qui ne doivent pas vivre, Trompant ainsi mon peuple, qui écoute le mensonge."

Dans ce qui précède, nous pouvons voir un échange prenant place. Les âmes qui ne sont pas supposée mourir sont tuées. Elles ne doivent pas mourir mais elles sont tuées pour sauver les âmes qui ne doivent pas vivre. Il y a aussi des personnes qui sont destinées à mourir mais ils cherchent les vies de personnes plus jeunes, les raflent et les ajoutent à la leur. Ils sauvent les âmes qui ne doivent pas vivre en mentant aux gens croient à leur mensonge.

Par Dr. D. K. Olukoya

Verset 20-21 : *" C'est pourquoi ainsi parle le Seigneur, l'Éternel: Voici, j'en veux à vos coussinets par lesquels vous surprenez les âmes afin qu'elles s'envolent, Et je les arracherai de vos bras; Et je délivrerai les âmes que vous cherchez à surprendre afin qu'elles s'envolent. J'arracherai aussi vos voiles, Et je délivrerai de vos mains mon peuple; Ils ne serviront plus de piège entre vos mains. Et vous saurez que je suis l'Éternel."*

Ainsi, la délivrance est nécessaire pour sortir de leur emprise.

C'est une Ecriture sainte intéressante. Des personnes utilisent des orchestres magiques pour négocier les âmes des hommes. Les âmes qui doivent normalement être au repos, ils les font voler. C'est pourquoi quand des personnes sont endormies, ils font face aux batailles. Il y a des gens qui en ont après leurs âmes, échangeant leurs âmes pour des poignées d'orge et des morceaux de pain. Quelqu'un est allé chez un charlatan et lui a dit, "je veux détruire cette personne," et on lui a demandé d'aller lui donner le cola et la chèvre, qui seront utilisées pour prendre l'âme de la personne. Ce sont les pouvoirs qui s'engagent dans la vente d'âmes. Ils échangent des choses. C'est pourquoi j'ai dit, "Ma vie n'est pas à vendre."

Toutes les personnes raisonnables vendent des choses jetables, mais quand un homme décide de vendre un article indispensable, cela signifie que la folie spirituelle l'a attaqué. Beaucoup de vies sont en vente. Plusieurs sont vendus maintenant et d'autres ont été vendus. Il y a quelque chose dans le monde de l'esprit connu comme la prostitution de l'âme, c'est-à-dire quand l'âme d'une personne devient une prostituée dans le monde de l'esprit, toutes sortes de choses arrivent à l'âme de la personne dans le physique. Il y a les gens qui se plaignent que toute la nuit quand ils dorment, elles ont toujours des maris de nuit. De telles personnes peuvent devenir des prostituées dans l'esprit. Elles ont été vendues. C'est très triste.

Jésus dit, *"A quoi servirait-il à un homme de gagner le monde s'il perd son âme."* Avec quoi un homme peut-il faire l'échange de son âme ? Rien.

Quand l'âme d'une personne est en vente, c'est un grand problème. Jésus dit, "que pouvez-vous donner en échange d'une âme ?"

MA VIE N'EST PAS À VENDRE

À Ézéchiel 13, nous voyons que les gens ont échangé les âmes des hommes pour de simples morceaux de pain. Ainsi, les pires ennemis des hommes sont des commerçants d'âme. Ils chassent les âmes et le commerce avec les âmes.

Apocalypse 18:11 dit, " *Et les marchands de la terre pleurent et sont dans le deuil à cause d'elle, parce que personne n'achète plus leur cargaison.* " Quelles sont leurs marchandises ? Elles sont écrites dans Apocalypse 18:12-14 qui dit, " *cargaison d'or, d'argent, de pierres précieuses, de perles, de fin lin, de pourpre, de soie, d'écarlate, de toute espèce de bois de senteur, de toute espèce d'objets d'ivoire, de toute espèce d'objets en bois très précieux, en airain, en fer et en marbre, de cinnamome, d'aromates, de parfums, de myrrhe, d'encens, de vin, d'huile, de fine farine, de blé, de bœufs, de brebis, de chevaux, de chars,* **de corps et d'âmes d'hommes.** *Les fruits que désirait ton âme sont allés loin de toi; et toutes les choses délicates et magnifiques sont perdues pour toi, et tu ne les retrouveras plus."*

Ce sont les marchandises des commerçants des âmes. S'il vous plaît, déclarez :
" Ma vie n'est pas à vendre. "

Esaïe 50:1 : *"Écoutez-moi, vous qui poursuivez la justice, Qui cherchez l'Éternel! Portez les regards sur le rocher d'où vous avez été taillés, Sur le creux de la fosse d'où vous avez été tirés. "* Cela signifie que vous vous vendez consciemment ou inconsciemment vos parents ou des amis peuvent vous vendre. Esaïe 52:3 dit aussi,

"Secoue ta poussière, lève-toi, Mets-toi sur ton séant, Jérusalem! Détache les liens de ton cou, Captive, fille de Sion!"

Quand une vie a été vendue, il y a le désordre dans le destin. Il y a plusieurs années, j'ai rencontré une sœur qui avait ce problème. Sa grand-mère l'a mariée à quelqu'un dans le monde de l'esprit, a pris sa dot spirituellement, a dépensé cela aussi spirituellement et cette grand-mère était déjà morte. Chaque nuit, quand elle dormait il y avait un démon court à coté de son lit. Elle a prié et l'a lié en vain. Il disparaissait pendant quelque temps seulement pour réapparaître de nouveau. Quand elle allait aux toilettes la nuit, il marchait à côté physiquement. Il l'observait toujours, soigneusement, n'importe quand, dès qu'elle était dans le lit. S'il y avait des autres personnes sur le lit, elle était la seule personne à voir la courte chose. C'était le garde-corps du mari que sa grand-mère lui avait donné dans le monde spirituel. Cinq personnes ont voulu l'épouser mais chacun d'entre eux l'a quittée dans de circonstances désastreuses. Celui qui avait le moins de désastre est celui qui a bu l'eau de la batterie de sa voiture.

S'il vous plaît, faites les points de prière suivants :

- Toute puissance négociant pour mon âme, meurs, au nom de Jésus.
- Mon âme, sois délivrée du vol satanique, au nom de Jésus.

Quand une vie a été vendue, il y a du désordre dans ce destin. Le préfixe "dé" signifie enlever. Par exemple, le mal-aise signifie "enlever l'aisance." Ainsi, le désordre signifie l'enlèvement de l'ordre. Donc quand il y a le désordre de destin, cela signifie que l'ordre dans le destin a été enlevé. Une fois que l'ordre est enlevé, le destin est aussi bon que le mort. C'est le problème majeur de l'homme noir. Regardons les noms de quelques personnes noires dans la Bible :

Hagar : une Egyptienne qui a épousé Abraham.
Keturah qui a épousé Abraham.
Asenath qui était la femme de Joseph.
Ziporrah qui était la femme de Moïse.
Jethro, le beau-père de Moïse. Moïse était assis à ses pieds et il lui a appris comment faire la plupart de ce qu'il faisait en tant qu'homme de Dieu.
Obab qui a agi comme l'œil des Israélites

dans le désert. Ils allaient à la Terre Promise et ne connaissait pas la voie et cet homme noir était leur œil.
Rahab qui a sauvé les espions israéliens à Jéricho.
Dans le livre de Jérémie, nous lisons d'un homme appelé Ebedmelech, un Ethiopien. Il y avait un temps où Jérémie a été jeté dans le cachot. C'était cet homme noir qui l'a révélé.

Dans le Nouveau Testament, il y a Simon de Cyrène. Quand Jésus était en route vers le Calvaire et que la croix était devenue trop lourde pour Lui, cet homme a porté la croix à l'endroit de la crucifixion de Jésus.
Dans les Actes des Apôtres, nous lisons de l'Eunuque éthiopien à qui Philip prêchait.
Quand Paul continuait son voyage de missionnaire, deux des trois hommes qui lui ont imposé les mains étaient Lucius appelé

Niger et Siméon de Cyrène. Ils étaient tous deux des hommes noirs.

Saviez-vous que l'évangile est arrivé en Afrique avant l'Europe ? Savez-vous que chaque fois que Dieu a eu un pas majeur à prendre dans l'histoire d'une façon ou d'une autre, un homme noir est venu ? Dieu utilisait toujours l'Afrique pour protéger, soutenir et prévoir Ses mouvements. Chaque fois que le monde était dans une crise, Dieu a amené un homme noir au devant de la scène. Avec ce contexte, vous pouvez maintenant demander, qu'est-ce qui est exactement faux au sujet de l'homme noir ? Pourquoi les hommes blancs parlent-ils souvent drôlement de nous? Pourquoi les Noirs sont-ils passés par ce commerce d'esclaves? Vous ne pouvez pas lire l'histoire du commerce des esclaves sans crier. Les hommes et des femmes ont été réunis et entassés dans les bateaux comme des sardines. Il n'y avait aucun espace pour marcher et aucune toilette. Quand ils étaient malades, la seule solution était de les jeter à la mer et ils ont servi de nourriture aux poissons. Pourquoi ont-ils subi ce traitement ? Pourquoi est-il très difficile de trouver une nation noire maintenant qui réussi seule ? Qu'est-ce qui est responsable de l'attaque démoniaque et diabolique du feu d'enfer pour empêcher l'homme noir d'exécuter son mandat prophétique ? Pourquoi est-ce que les choses comme la pauvreté, le complexe d'infériorité, la confusion, l'insuffisance dans l'enseignement et la guerre civile doivent être l'emblème des Noirs ? C'est à cause du désordre du destin des individus. Quand Mr. A, dont le destin est en désordre, épouse une femme, dont le destin est aussi en désordre, ils font des enfants qui héritent du désordre de destin et le cercle continue.

S'il vous plaît, priez comme cela : "je refuse d'entrer la poubelle de vie, au nom de Jésus."

Il y a beaucoup de gens qui sont déjà mis dans la poubelle de la vie, ils pleurent et crient. Un jour, quelque chose est arrivée dans une ville à l'Ouest du Nigeria. On a remarqué qu'un homme avait une grande plantation qui prospérait. Les produits de la plantation étaient très bons. Mais la chose la plus étonnante était que personne n'avait jamais vu un ouvrier dans cette plantation, cependant c'était la plus grande plantation des alentours et a appartenait à un vieil homme. Le fils de cet homme en était surpris. Il ne comprenait pas qui plantait parce qu'il savait que son père était vieux et ne pouvait pas faire grand chose. Quand il a commencé à observer discrètement son père, il a découvert qu'à chaque fois qu'il arrivait à la plantation, il lavait son visage avec un mélange. Un jour, le fils a utilisé ce mélange pour laver son visage et il a vu les gens travailler dans la plantation. C'était les morts du village. Imaginez la méchanceté de son père. Garder les morts là pour le servir avant qu'ils n'aillent au diable. Le diable avait négocié leurs âmes avec le vieil homme. Quand ils mouraient l'homme rachetait leurs âmes pour travailler dans la plantation. Le garçon a crié quand il les a vus. C'est alors que son père a su qu'il avait touché au mélange. Il l'a poursuivi, mais ne pouvait pas le rattraper à cause de sa vieillesse. Le fils s'est enfui en hurlant dans ville. Jusqu'à présent plus personne n'a revu le vieil homme. La plantation est toujours là.

Si vous permettez qu'on vende votre âme, c'est votre problème. C'est pourquoi quand vous venez à la maison de Dieu, vous vous occupez mieux de vos affaires. Ne perdez pas de temps dans des plaisanteries avec l'ennemi ou sur les choses qui ne vous concernent pas. Si vous le faites, vos problèmes se multiplieront. Ce serait désastreux de finir de lire ce message sans avoir un contact du ciel.

Dieu a un but pour tout ce qu'Il fait. Le fait que quelqu'un marche ne signifie pas qu'elle est vivante, dans le livre du Tout-puissant. Elle peut se déplacer, respirer ou aller à l'église, mais selon le temps de Dieu, il pourrait être mort depuis 20 ans. Dieu a un but pour votre vie. Avant que vous ne naissiez Il a écrit certaines choses concernant votre vie. L'ennemi peut voir ces choses, donc il peut causer les troubles de destin. S'il réussit à saisir votre âme. La matière la plus précieuse sur la planète Terre est l'âme d'un homme. Le diable la convoite, Dieu est aussi à sa recherche. Quand Pierre a dit à Jésus, "Tu ne peux pas mourir comme ça ?" Il a regardé Pierre et lui a dit, "le fils de Dieu s'en va comme il est écrit." Quelque chose a été écrite de vous. Cette chose est-elle en désordre maintenant? Si c'est en désordre, donc les vendeurs d'âme ont fait leur travail.

Un jour, une femme a accouché et quelqu'un lui a rendu visite à la maternité. Elle a donné son bébé au visiteur pendant qu'elle allait aux toilettes. Peu de temps après, un autre visiteur est entré. Quand elle sortait des toilettes, elle a entendu les deux visiteurs discuter de ce qui leur arrivait. Dès qu'elle est entrée dans la salle, ils se sont tus. Elle leur a dit, "si aucun d'entre vous ne me dit de quoi vous parliez, quelqu'un va mourir ici aujourd'hui." Alors l'un d'entre eux a dit, "Quand je suis arrivé ici, mon amie en avait déjà enlevé quatre et elle voulait enlever les trois autres. Donc, tout ce que je lui disais était de me laisser les trois autres." Elles faisaient allusion aux étoiles sur la tête du nouveau né. C'est la méchanceté qui se passe dans ce monde.

Ce n'est pas la peine d'être vivant si vous n'accomplissez pas votre destin divin. Une fois que votre âme a été vendue, à moins qu'elle ne soit rachetée, vous ne pouvez pas accomplir le destin que le Seigneur a pour vous. Pendant plusieurs années j'ai enseigné la Biologie dans le collège d'enseignement général et à IUFM, une formation continue où la personne la plus jeune dans ma classe avait 36 ans. Un jour, j'ai enseigné sur l'amibe pendant trois heures. Après le cours, j'ai demandé "avez-vous une question?" Un homme à la tête chauve m'a dit qu'il avait une question. Il a dit, "Pendant le mariage d'Amibe qui prend la dot ?" J'ai été choqué parce que cela signifiait qu'il n'avait rien compris de tout ce que j'avais dit pendant trois heures ! Les problèmes avec ces gens étaient qu'ils apprenaient au mauvais moment. C'est un trouble du destin. Il pouvait peut être avoir envie d'aller à l'école, mais les sorcières avaient fini l'argent de ceux qui devaient payer ses études. Il avait peut être le potentiel pour apprendre, mais était incapable d'aller à l'école. Son destin était en désordre.

Nahum 3:3 dit, " *Les cavaliers s'élancent, l'épée étincelle, la lance brille... Une multitude de blessés!... une foule de cadavres!... Des morts à l'infini!... On tombe sur les morts!... .* " *Qu'est-ce qui est responsable de ces morts ? Le verset 4 dit, " C'est à cause des nombreuses prostitutions de la prostituée, Pleine d'attraits, habile enchanteresse, Qui vendait les nations par ses prostitutions Et les peuples par ses enchantements."*

LES MARCHANDS D'ÂMES

1. Les Pouvoirs de la Sorcellerie : les vendeurs principaux d'âmes sont les pouvoirs de sorcellerie. Nous pouvons voir où leurs activités ont mené l'homme noir aujourd'hui. Malheureusement, ils se sont frayé une voie dans plusieurs églises. En fait,

dans beaucoup d'endroits aujourd'hui, c'est surtout les sorcières qui disent, " Ainsi que l'Eternel" Et beaucoup de personnes vont chez eux pour des prières dans l'ignorance. La plupart du temps dans leur prière, c'est seulement des noms comme Olodumare, Osanobua, Chineke qui sont mentionnés. Ils ne mentionnent pas le nom de Jésus.

Quand Adam est tombé dans le Jardin d'Eden, la religion vers laquelle il s'est tourné était la sorcellerie parce qu'il est tombé dans la rébellion. La rébellion est comme le péché de sorcellerie. J'avais l'habitude de penser que Taiye et Kehinde (des jumelles) s'aimaient, jusqu'à ce que j'ai entendu un Kehinde me dire qu'elle avait mis la vie de son Taiye sur l'étagère, et que jusqu'à ce qu'elle se marie, qu'elle ait trois ou quatre enfants, sa Taiye ne se marierait pas.

Les deux sont sortis du même ventre, mais regardez ce que la sorcellerie a fait. Nous devons être agressifs si nous ne voulons pas que de marchands d'âme nous vendent. Beaucoup de monde a été déjà vendu, donc ils ne comprennent pas ce qui se passe. Peut-être que vous avez déjà été vendus et ne savez pas. Pendant le commerce des esclaves, ils sont juste allés à un village, ont capturé quelques personnes et les ont vendues comme ça.

Il est souvent dit que ceux qui regardent sont nombreux, mais peu sont ceux qui voient. Le plus grand ennemi de l'homme n'est pas à l'extérieur, mais à l'intérieur. À moins que la défaite ne survienne à l'intérieur, la défaite externe ne pourra jamais survenir. Malheureusement, beaucoup de personnes qui viennent à la maison de Dieu ne possèdent pas cette capacité de voir. Il y a un besoin de faire la prière d'Elisée qui a dit à son serviteur, "Frère, ne sois pas inquiet, ceux qui sont avec nous sont plus nombreux que ceux qui sont avec eux."

La base de l'échec spirituel que l'homme moderne éprouve résulte de la cécité spirituelle. Une personne a été vendue mais elle ne le sait pas. Une personne a été jetée dans la prison mais elle ne sait pas. Une personne porte un costume trois pièces et est sur le point de passer son doctorat à l'université, mais déjà elle a été vendue. De mauvais oiseaux ont fini la bonne graine plantée dans beaucoup de vies. Par exemple, savez-vous qu'en réalité on croit que vous vivez ? Beaucoup de personnes ne savent pas. Vos ennemis vous ont-ils transformé en tailleur de pierre et de bois et en puiseur d'eau ? Regardez-vous. Etes vous morts ou vivants ?

Vos rêves et vos visions, ont-ils été éteints ? Est-ce que vous êtes des morts vivants ? Y a-t-il quoi que ce soit qui vous fait accepter une vie inférieure ou handicapée comme étant la vôtre ? Y a-t-il quoi que ce soit qui vous garde de manière permanente inférieur et malheureux ? Vous trompez-vous en affichant une forme de piété mais refusant sa puissance ? Est-ce que vous êtes le genre de personne qui passerez des hommes et des femmes en scan dans le laboratoire de votre cœur ?

Peut-être vous n'êtes pas celui que vous devriez être maintenant. La réalité de beaucoup de personnes existe seulement dans le rêve. Ils comptent de grosse somme d'argent dans le rêve mais ils vivent dans la misère en réalité. Ils possèdent des sociétés seulement dans le rêve, mais sont sans emploi ici. Ils prêchent aux milliers de gens dans le rêve, mais sont impuissants ici. Ils vivent dans des maisons dans le rêve mais ici ils ont trois lettres d'avis *quittées*.

Il y a quelque chose que vous devez détruire aujourd'hui. Vous devez refuser d'être en cage ou encerclés par l'ennemi. Vous devez refuser d'accepter le remplacement satanique de votre destin. Vous devez prier et obtenir vos potentiels inutilisés et votre Lazare enterré ressuscitera. Vous devez renoncer à la malédiction de la vie impuissante. Vous devez refuser que l'ennemi ne recouvre le tranchant de votre épée. Vous devez empêcher à l'ennemi de fermer l'usine de votre vie. Vous devez refuser l'appel du camp de l'ennemi auquel vous devrez confier votre arme.

2. Le deuxième moyen par lequel les âmes sont vendues est la manipulation prophétique : c'est là où beaucoup de personnes font des erreurs. C'est pourquoi la Montagne de Feu et des Ministères de Miracles est une église de « faites le vous-même ». Ce n'est pas un endroit où le syndrome de "l'homme de Dieu doit prier pour moi" est accepté. Non, c'est un endroit « faites le vous-mêmes ». Quand les gens se livrent totalement au prophète, ils cherchent le trouble dans leur destin parce que quand Dieu ne donne pas de message et vous demandez au prophète, "que voyez-vous ?" Il peut vous donner des informations qui ne sont pas de Dieu. Le travail d'un homme de Dieu est un travail de haute responsabilité. Les hommes de Dieu doivent être très prudents.

Par Dr. D. K. Olukoya

Le diable sait que les gens croient en leurs pasteurs et qu'ils feraient ce qu'il leur demandera de faire c'est pourquoi il cherche ses hommes et les met dans la position des faux hommes de Dieu afin qu'ils donnent aux gens des prophéties diaboliquement inspirées pour confondre leurs vies. Parfois, les parents vont chez les faux prophètes à l'insu de leurs enfants pour faire en sorte qu'ils les obéissent au doigt. Par exemple, un parent peut aller chez un tel prophète et dire, "Prophète, il y a un homme bien qui vient demander la main de notre fille mais nous ne savons pas ce qui lui arrive, elle le chasse. Ce que nous voulons que vous fassiez est de l'appeler et lui dire que cet homme est son mari. "Le prophète appelle alors la fille et lui dit :" y a-t-il quelqu'un qui vient te visiter à la maison ? Cette personne est ton mari. "Il le dit sans prière ou la révélation. On ne donne pas à la sœur aussi le temps de prier. De cette façon, son destin est troublé.

MA VIE N'EST PAS À VENDRE

Il y a plusieurs années, une sœur enceinte est allée au marché a rencontré un prophète en vêtement blanc qui lui a dit, "Ainsi parle l'Eternel: À moins que vous n'apportiez ceci ou cela, vous mourrez avec cette grossesse." Elle s'est accrochée à ses vêtements et a dit, "Vous devez renverser ce que vous avez dit, sinon, je ne vous laisserai pas." Les gens ont commencé à rassembler et à dire, "Sœur, laisse l'homme de Dieu tranquille." Elle leur a dit ce qu'il a dit et leur a dit qu'ils doivent lui demander de le renverser. Les gens lui ont demandé pourquoi donné un tel message ? Renversez-le rapidement." Alors il a dit, "Vous accoucherez sans risque," etc.

Il y a plusieurs années, une autre sœur est venue et m'a dit qu'un prophète dans l'église de sa mère lui a dit qu'elle allait mourir, que je devrais prier pour l'annuler. J'ai dit, "Non.

Retournez et dites au prophète que : mon pasteur m'a demandé de vous dire que vous allez mourir" Elle est allée et le prophète n'est pas resté plus de sept jours avant de mourir. La flèche de mort a été renvoyée à son expéditeur. Le diable a une façon de coller son esprit à de mauvaises prophéties. Si vous savez que de mauvaises prophéties ont été prononcées contre vous par des astrologues, des prophètes impies, des charlatans ou que n'importe quelle personne impie a prédit votre avenir, faites ce point de prière agressivement : Tout programme satanique contre mon destin, meurs, au nom de Jésus.

3. Vous lier à une prostituée : si vous couchez avec un homme ou une femme hors du mariage, vous introduisez le désordre dans votre vie. La Bible nous dit que vous

devenez un avec votre partenaire sexuel. Si vous avez couché avec jusqu'à 30 à 40 hommes ou femmes, cela signifie que votre vie a été fragmentée en plusieurs pièces. Vous devez prier. Le destin de Samson a été renversé à cause de cela. La manière dont il a fini n'était pas dans le plan de Dieu pour sa vie. C'était un plan des pouvoirs de méchanceté. Un homme qui couche avec une célibataire ou mariée hors mariage creuse sa propre tombe. Vous pouvez penser que vous vous amusez. Non, Vous mettez votre vie dans le désordre.

4. La Contamination de l'utérus : c'est la raison pour laquelle les femmes enceintes doivent faire attention à l'endroit où elles vont. Boire des mélanges, attacher des choses étranges à vos robes, faire des visites sans but et inutiles et la consommation de la nourriture démoniaque causeront le désordre dans le destin.

5. L'Adoration des idoles : Dieu déteste le culte des idoles d'une haine parfaite. Si vous vérifiez votre nom et trouvez quelque chose d'idolâtre en lui, cela doit vous interpeller sur le fait qu'il y a du désordre dans votre destin. Vous devez couper tout lien avec ce genre de chose.

6. La Colère : la Colère peut se manifester de plusieurs façons. Elle peut être dans des cris, le claquement la porte, les injures, le martèlement sur les tables ou par terre, le lancement d'objets aux gens, ou la destruction des objets. La personne en colère peut se battre, avoir des discussions insensées ou faire des commentaires ou critiques négatifs. Cela peut être un look étrange, piaffé, la haine, la dépression ou le meurtre. Quelqu'un qui a un esprit de colère a déjà un esprit qui mettra son destin en

désordre. La colère contrôlera cette personne si elle n'est pas contrôlée. C'est un tueur puissant de vies spirituelles. Les gens toujours en colère retardent leur croissance spirituelle et endommagent des vies spirituelles. Ils se disputent souvent et donc ils ne peuvent pas prier. Les gens coléreux ont un mauvais témoignage. Ils détruisent leur capacité de servir le Seigneur et mettent leur destin en désordre.

7. La Méchanceté familiale : Il y a beaucoup de tels exemples dans la Bible. Jésus nous a dit dans Matthieu 10:36 que les ennemis d'un homme seront les membres de sa propre maison. Eve a été utilisée par le diable contre Adam. Caïn a été utilisé contre Abel, Lot contre Abraham et Jacob contre Ésaü. Les frères de Joseph ont traité contre lui. Miriam, la sœur de Moïse qui a pris Moïse de la

rivière était contre lui. Absalon a renversé son père. Judas Iscariote, l'un des 12 disciples de Jésus, était la méchanceté de la maison de Jésus.

Nous devons prier, pas le genre de prière que l'ennemi sera content d'entendre. La première chose que nous devons faire est de nous repentir devant le Seigneur de quoi que ce soit qui a donné à l'ennemi des raisons de vendre nos âmes ou de falsifier nos vies. Nous devons demander à Dieu de nous pardonner pour que nous puissions commencer à avancer. Après avoir demandé pardon, nous pourrions identifier les désordres et inviterons Dieu par la suite dans notre situation. Ce sera une tragédie si après la lecture de ce message vous ne recevez pas le contact de Dieu. La Bible dit, "le Fils de l'homme s'en va comme il est écrit."

MA VIE N'EST PAS À VENDRE

Marchez-vous comme Dieu l'a écrit de vous, ou allez-vous selon que votre ennemi a décidé? Ou allez-vous selon le verdict de sorcellerie ? Vous avez l'occasion de demander à Dieu de vous pardonner.

Si vous le lisez ceci et que vous n'avez pas encore reçu Jésus, vous devez le faire rapidement avant de rentrer dans la session de prière. Autrement vous ne pouvez pas donner d'ordre dans votre vie. Si vous voulez donnez votre vie à Jésus, faites cette prière : "Seigneur Jésus, je viens devant toi confesser mes péchés. Pardonne-moi, O Seigneur et lave-moi par ton sang précieux. Entre dans ma vie maintenant. Prends le contrôle de ma vie, au nom de Jésus. Amen."

Par Dr. D. K. Olukoya

POINTS DE PRIÈRE

- O Seigneur, que ma flèche de prière apporte des résultats, au nom de Jésus.
(Utilisez votre main droite pour couvrir vos deux yeux pendant que vous faites cette prière avec la foi) : Oh - Seigneur, révèle-moi des choses cachées qui m'avanceront, au nom de Jésus.
- Toute puissance qui a refusé de permettre à mon étoile de briller, meurs, au nom de Jésus.
- Je récupère mes étoiles volées par le feu, au nom de Jésus.
- Je récupère mes étoiles volées par le tonnerre, au nom de Jésus.
- Je rejette toute mauvaise prophétie, au nom de Jésus.

A PROPOS DU DR D.K. OLUKOYA

Le Dr. D.K. Olukoya est Pasteur principal et Superviseur Général des Ministères de la Montagnes de Feu et des Miracles et des Ministères du Cri de Guerre. Il est titulaire d'une licence de Microbiologie de l'Université de Lagos au Nigeria, et d'un doctorat dans le domaine de Génétique Moléculaire de l'Université de Reading, au Royaume Uni. Comme chercheur, il a plus de quatre-vingts publications à son actif.

Oint par Dieu, le Dr. Olukoya est un enseignant, un prophète, un évangéliste et un prédicateur de la Parole de Dieu. Sa vie et celle de sa femme, Shade, et leur fils, Elijah Toluwani, sont des preuves vivantes que tout pouvoir est à Dieu.

Par Dr. D. K. Olukoya

A PROPOS DU MINISTERE DE LA MONTAGNE DE FEU ET DES MIRACLES

Le **Ministère de la Montagne de Feu et des Miracles** (MFM) est un Ministère du Plein Evangile consacré au réveil des signes apostoliques, aux œuvres et miracles du Feu du Saint Esprit et à la démonstration illimitée de la puissance de Dieu à délivrer au-delà de toute mesure. On y enseigne ouvertement la Sainteté absolue à l'intérieur et à l'extérieur comme étant le plus grand désinfectant spirituel et une condition préalable pour aller au Ciel.

MFM est un Ministère Evangélique de " faites-le vous-même " où vos mains sont entraînées au combat et vos doigts à la bataille.

Brève histoire du Ministère de la Montagne de Feu et des Miracles

Le Ministère de la Montagne de Feu et des Miracles fut fondé en 1989. La première réunion s'était tenue au domicile du Dr. Olukoya, à laquelle avaient assisté 24 personnes. L'église a ensuite emménagé au N°60, Old Yaba Road, Lagos, puis au site de la Direction Générale actuelle, le 24 Avril 1994.

La Direction Générale du Ministère de la Montagne de Feu et des Miracles est la plus grande congrégation Chrétienne en Afrique capable de contenir plus de 200.000 fidèles en un seul culte.

Le Ministère de la Montagne de Feu et des Miracles (MFM) est un Ministère du Plein Evangile consacré au réveil des signes apostoliques, aux œuvres et miracles du Feu du Saint Esprit et à la démonstration illimitée de la puissance de Dieu à délivrer au-delà de toute mesure. On y enseigne ouvertement la Sainteté absolue à l'intérieur et à l'extérieur comme étant le plus grand désinfectant spirituel et une condition préalable pour aller au Ciel.

MFM est un Ministère Evangélique de " faites-le vous-même " où vos mains sont entraînées au combat et vos doigts à la bataille.

www.ingramcontent.com/pod-product-compliance
Lightning Source LLC
Chambersburg PA
CBHW071313060426
42444CB00034B/2550